LE SUEZ

EN DÉCEMBRE 1875

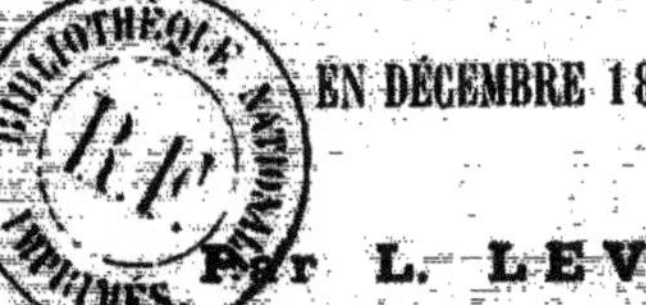

Par L. LEVADÉ

Directeur-Gérant de la *Côte de la Bourse et de la Banque*

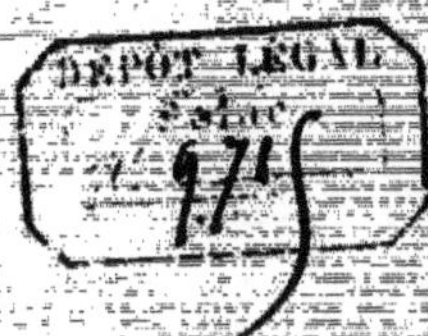

PARIS

GARNIER FRÈRES, ÉDITEURS

6, RUE DES SAINT-PÈRES, 6

—

1875

PARIS. — IMP. F. DEBONS ET Ce, 16, RUE DU CROISSANT.

LE SUEZ

EN DÉCEMBRE 1875

I

Un événement considérable vient de s'accomplir.

Le Gouvernement anglais est aujourd'hui propriétaire des 176.602 actions de l'Isthme de Suez appartenant naguère au vice-roi d'Egypte, et se substitue dores et déjà aux droits et priviléges que conférait à ce dernier le titre de principal actionnaire du Canal.

Cette nouvelle ne pouvait manquer de produire en Europe une vive impression.

L'imprévu de l'événement lui-même, la rapidité des négociations qui l'ont précédé, les conséquences immédiates qui en découlent, celles plus éloignées qui peuvent en résulter, sont. dans les cercles politiques comme dans le monde financier, l'objet des commentaires les plus divers, des appréciations les plus contradictoires.

Que le Gouvernement Britannique essaie par la voie des journaux d'atténuer la portée de la Convention ; qu'il s'efforce de persuader aux puissances européennes qu'il n'y a aucun changement dans l'état de la Compagnie, et que cette substitution du cabinet de Saint-James au Khédive ne peut donner lieu à aucune inquiétude, nul ne saurait s'y tromper : la situation est grave.

En ce moment, l'Europe est superficiellement tout à la paix.

La France vaincue, encore saignante d'une amputation douloureuse, se recueille, se replie sur elle-même, et poursuit la tâche laborieuse de sa réorganisation politique, financière et militaire.

L'Allemagne lourdement appuyée sur l'Autriche et la Suisse, comme un boa repu en train de digérer une récente proie, procède à la prussification complète de ses 16 millions de sujets nouveaux.

La Russie achève son réseau ferré, perfectionne son système de levées et d'armement, améliore la condition des paysans et poursuit ses plans *de civilisation* dans le Turkestan.

L'Autriche modifie son assiette intérieure, son régime économique et, pour bien des raisons, fait politiquement le moins de bruit possible.

L'Angleterre ne parle que de libre-échange, fraternité des peuples, développement industriel et commercial.

L'Italie poursuit ses brigands...... et l'extinction de son déficit financier.

Et pourtant, nous le répétons, la situation est grave.

Cette tranquillité n'est qu'apparente.

La Prusse, à peine remise de ses dernières guerres, jette déjà un regard oblique sur le Danemark et la Hollande, convoitant à la fois les provinces russes de la Baltique, et la partie allemande de l'Autriche.

La Russie n'attend de son côté qu'un moment favorable pour mettre la main sur Constantinople.

L'Autriche rêve des compensations dans la Turquie occidentale.

L'Italie aspire à la possession du Trentin et de l'Istrie.

L'Angleterre surveille attentivement le continent, prête à jeter son épée dans la balance contre tout adversaire qui tenterait de s'attaquer à son empire maritime et colonial.

Quant aux nations secondaires, elles attendent, saisies d'effroi, conscientes de leur impuissance à conjurer des événements dont elles ne peuvent être que les victimes.

II

Dans les forêts vierges de la Louisiane le pionnier, le *rifle* sur l'épaule, se trouve parfois subitement arrêté.

Devant lui s'étend, dans la clairière, un *arroyo* fangeux ceint d'érables gigantesques.

Calme profond : pas une tache dans l'azur du ciel,

pas un souffle dans l'air, pas un murmure dans les branches, pas une ride sur l'eau.

Mais qu'une feuille se détache et tombe, soudain l'onde s'agite, le caïman étend sur la vase ses griffes palmées, le jaguar bondit dans les halliers, le vautour déploie ses ailes dans l'espace; des bruits sinistres retentissent : — Cris de douleur et cris de triomphe. — Toute bête saisit sa proie; c'est la guerre universelle.

Tel, l'état de l'Europe!

La question de l'isthme de Suez serait-elle la feuille destinée à donner le signal de la tempête européenne?

A-t-elle l'importance que voudraient lui attribuer certains nouvellistes *bien informés?*

L'achat des actions en question ne serait-il que le prélude de l'acquisition complète du Canal, sinon de la conquête même de l'Égypte?

A un point de vue plus restreint, plus exclusivement pratique, quelles doivent être, pour les porteurs actuels d'actions, les conséquences financières de cet événement?

Telles sont les questions auxquelles nous allons nous efforcer de répondre le plus brièvement, le plus clairement possible.

III

D'abord quelques considérations générales.

C'est, comme on le sait, autour du bassin de la

Méditerranée qu'a pris naissance la civilisation antique.

En ces temps où les routes terrestres étaient rares et peu sûres, la proximité de la mer, si peu avancée que pût être la navigation, devint, en favorisant les communications des peuples entre eux, un puissant agent de progrès.

Malgré la fréquence des guerres qui désolèrent l'Asie, l'Europe et l'Afrique, des rapports irréguliers peut-être, nombreux à coup sûr, ne tardèrent pas à s'établir entre les peuples occidentaux et le monde oriental, tantôt à l'aide de caravanes, par le Turkestan, tantôt par l'isthme de Suez lui-même. Il est à remarquer, en effet, que dès le règne de Néchao (630 ans avant J.-C.), les Égyptiens avaient eu l'idée de creuser un canal, dérivé du Nil, qui, partant de la ville actuelle de Zagazig, arrivait jusqu'à Suez. Ce canal, suffisant pour les navires du temps, fonctionna pendant plus de quatorze siècles, et ne cessa d'être entretenu que sous la domination des califes, qui craignaient par cette voie l'introduction des Barbares.

A la prospérité de l'Islamisme, à la floraison de la féodalité, correspond la ruine de la civilisation ancienne.

Nuit complète en Europe.

Les communications de l'Occident avec l'extrême Orient sont entre les mains des Sarrasins

De cette époque date la puissance de Venise, de Gênes et de Pise, dont les navires accaparent le trafic des marchandises de la Chine et de l'Inde, dans la Méditerranée.

La découverte du cap des Tempêtes opère dans les relations commerciales une révolution nouvelle.

Les Républiques italiennes sont détrônées.

A la suite du Portugais Vasco de Gama, s'élancent dans l'océan Indien et le Pacifique les Espagnols et les Hollandais, bientôt détrônés eux-mêmes par l'Angleterre qui essaime sur toutes les mers ses puissantes colonies, et dont la puissance maritime, un instant balancée par la France, n'a fait que s'accroître jusqu'à nos jours.

De 1490 jusqu'au commencement du XIXe siècle, les seules voies employées pour la grande navigation sont le cap de Bonne-Espérance et le cap Horn.

L'expédition de Bonaparte en Égypte, désastreuse militairement, fut féconde en résultats scientifiques, sur lesquels nous n'avons pas à nous étendre.

Qu'il nous suffise de dire qu'elle eut tout d'abord pour effet d'attirer l'attention de l'Europe sur la voie de Suez, négligée depuis trois siècles.

M. l'ingénieur Lepère, le savant rapporteur de la commission d'Égypte, après avoir matériellement prouvé l'authenticité dans les temps anciens du canal de Néchao, entre le Nil et la mer Rouge, démontra, par la même occasion, la possibilité d'exécution et l'utilité d'un double canal : l'un, à petite section, alimenté par le Nil, allant d'Alexandrie à Suez, pour le commerce spécial de l'Égypte ; — l'autre, à grande section, commençant à l'ancienne Péluse et finissant également à Suez pour satisfaire aux besoins du trafic universel.

Comme nous venons de le dire, l'expédition échoua, et provisoirement l'affaire en resta là.

Elle semblait enterrée, quand l'Angleterre elle-même se chargea de la faire revivre.

IV

En 1831, M. Wagorn, lieutenant de la marine anglaise des Indes, comprenant l'utilité pour son pays d'une route plus courte, entre l'Europe et l'extrême Orient, s'occupa avec une opiniâtreté toute britannique d'établir la possibilité d'un service postal régulier par l'isthme africain, entre la Grande-Bretagne et l'océan Indien.

En ce pays qui se flatte d'être le plus pratique de l'univers, le lieutenant Wagorn fut considéré comme un fou.

Fou ou non, ses efforts ne demeurèrent pas inutiles.

Il parvint à éveiller sur ses travaux l'opinion publique.

Le Parlement fit consulter les hommes pratiques et les hommes politiques.

Les amiraux et surtout les politiques déclarèrent que les bâtiments à voiles pouvaient bien dans les *moussons* doubler le détroit de Bab-el-Mandeb et naviguer aisément dans la mer Rouge, mais que *jamais bateau à vapeur ne pourrait le faire.*

Tandis que la Compagnie dite de l'Euphrate cherchait inutilement des actionnaires sur le marché de

Londres, un Français dont le nom est désormais immor-
tel, M. Ferdinand de Lesseps, se reportant aux travaux
de la Commission d'Égypte, concevait le plan définitif
du percement de l'Isthme de Suez.

V

Le poëte, le philosophe qui met le pied sur la terre
antique des Pharaons se trouve saisi d'une émotion in-
dicible.

Devant lui se déroulent comme dans un rêve les
souvenirs à demi effacés de soixante siècles écoulés.

Confusion étrange, fantasmagorie éblouissante.

Le bleu intense du ciel, la couleur noire de l'humus
tranchant sur le jaune clair du sable, la peau bistrée
des Fellahs, l'originalité toute-puissante des monu-
ments arrêtent invinciblement ses regards et surexci-
tent son attention.

Le Nil roule dans la plaine ses flots limoneux ; les
canaux étendent de toutes parts leur réseau ; les routes,
les voies ferrées allongent çà et là leurs lignes blanches.

Les obélisques dressent dans l'éther leurs pointes
aiguës ; les minarets y dessinent leurs colonnades effilées,
les sphinx bigarrés d'hiéroglyphes avancent leurs griffes
massives comme pour menacer le téméraire qui tenterait de déchiffrer leur énigme, tandis qu'au loin les
pyramides coupent à angle aigu l'horizon.

Rhamsès-Meïamoun, Alexandre, Ptolémée, Cléopâtre, Auguste, Omar, Méhémet-Ali ont laissé là leur trace ineffaçable.

Puissance évanouie, décadence honteuse, héroïsme surhumain, crimes atroces, tout s'y retrouve comme pour servir de leçon aux conquérants futurs de cette terre célèbre.

Le voyageur qui, venu de Marseille ou de Brindisi sur les longs steamers de la Péninsulaire orientale ou des Messageries, débarque à Port-Saïd, est saisi d'une émotion non moins forte, mais différente.

Sur la jetée solide qui, défiant mistral et siroco, s'avance bravement vers le Nord, sur la berge surélevée d'un canal de 30 lieues, sur les longs quais de granit sur la façade des maisons de commerce de toutes nations qui bordent la rive, sur le tronc des arbres nouvellement plantés au milieu du désert, se lit en grosses lettres un nom, un seul :

C'est celui d'un Français, c'est celui de Ferdinand de Lesseps ; c'est celui de cet homme qui, sans autre appui que son génie, que son invincible volonté, a supprimé le désert, transformé une plage aride en un port splendide, et fait d'une langue de terre inhabitée le centre du commerce des Deux Mondes.

VI

Deux mots sur les péripéties qui ont précédé et signalé l'exécution du Canal.

Ce fut le 1ᵉʳ juillet 1854, que F. de Lesseps, sur l'invitation de Méhémet-Ali, se rendit en Égypte.

La question du Canal fut, entre le vice-roi et l'ingénieur français, l'objet de plusieurs entretiens, lesquels eurent pour conclusion finale la concession du Canal.

M. de Lesseps, avec la finesse diplomatique dont il a, depuis lors, donné tant de preuves, fit valoir les avantages considérables qui devaient résulter du travail projeté, pour le Vice-Roi d'abord, pour le Sultan son suzerain ensuite, pour le monde entier en dernier lieu.

Au point de vue personnel de Méhémet-Ali, séparation géographique de ses États et de l'Asie, c'est-à-dire autonomie effective de l'Égypte, développement inouï de la richesse de ce dernier pays.

Au point de vue religieux, facilité pour les mahométans de l'Archipel, de la côte Barbaresque et de la Syrie du pèlerinage de La Mecque.

Au point de vue ottoman, rapidité des communications entre la Turquie d'Europe et les pays musulmans de l'Arabie, de l'Afrique orientale et de l'Asie méridionale.

Au point de vue général, déplacement de l'assiette commerciale, diminution de 100 p. % (3.000 lieues en moyenne) du trajet entre l'Europe et l'Asie, et monopolisation au profit des riverains de l'Isthme, des avantages résultant du passage par cette voie de la malle, des groups, des passagers et des marchandises.

L'acte de concession s'accomplit avec la solennité qui convenait, et ce fut devant les consuls généraux de toutes

les nations, en Égypte, réunis dans la Kasbah du Caire,
qu'il fut promulgué par le Prince en personne.

VII

L'homme dans sa marche ascendante vers le progrès
trouve incessamment deux adversaires à combattre :

La nature et ...... son semblable.

M. de Lesseps rencontra devant lui ces deux ennemis.

La nature : Il s'agissait sur un espace de 30 lieues
d'extraire plus de 50.000.000 de mètres cubes de sable.

Il s'agissait, dans la Méditerranée, sur la mer Rouge,
de trouver un double port d'accès.

Sur la Méditerranée, les vases du Nil, poussées vers
l'Est par les courants, entouraient, disait-on, d'un cercle
infranchissable la côte Orientale où devait déboucher le
Canal.

Dans le désert, le terrible simoun, poussant devant
lui ses colonnes de poussière, devait, dans un avenir
prochain, combler les déblais et annihiler tous les efforts
des travailleurs.

Sur une partie du parcours on devait s'attendre à
rencontrer la roche porphyrique, et Dieu sait ce que
coûterait dans de pareilles conditions le percement de
la tranchée.

Ailleurs, la friabilité même du sol devait amener des
obstacles d'un autre genre : la cuvette creusée dans le

sable s'effondrerait sous l'action de l'humidité et ne tarderait pas à disparaître.

Où trouver, en ce pays, les 40.000 ouvriers nécessaires pour la marche des travaux ? Comment, enfin, les protéger des attaques des Bédouins nomades ?

L'avenir a suffisamment justifié la précision qui avait présidé aux travaux préparatoires de l'éminent Ingénieur : il sut trouver réponse à tout

Les vases de Péluse n'existaient que dans l'imagination des journalistes. Une jetée de 2.000 mètres dans la mer garantirait complétement le débouquement du passage.

L'action du simoun serait paralysée par des dunes provenant des déblais mêmes de la tranchée ; et des plantations intelligentes aideraient à en neutraliser l'action.

La roche porphyrique n'existait pas plus que les vases de Péluse ; les sondages effectués permettaient de l'affirmer.

Quant à l'affaissement des berges, il était impossible : la composition chimique du sable participait de celle du ciment hydraulique ; le contact de l'eau ne ferait qu'en accroître la consistance.

Les ouvriers ne manqueraient point :

Le Vice-Roi trouvait sans peine annuellement 120.000 hommes pour le curage, à l'aide de corvées, des canaux d'irrigation. Les Bédouins ne fréquentaient pas ces parages, et, en ce qui concerne les approvisionnements, on saurait y pourvoir efficacement par la construction d'un canal d'eau douce.

Nous ne parlons que pour mémoire de l'inégalité de

niveau des deux mers, inégalité dont la fausseté était
déjà démontrée.

VIII

Si les obstacles physiques n'épouvantaient pas M. de
Lesseps, il n'en pouvait dire autant de l'opposition sys-
tématique de l'Angleterre.

Loin de nous la pensée d'adresser à cette nation des
reproches immérités.

Beaucoup d'Anglais, et des plus marquants, témoi-
gnèrent à l'Ingénieur français de leurs profondes sympathies.

Mais le cabinet de Saint-James avait alors à sa tête
un homme d'État d'un patriotisme étroit, et atteint, suivant la pittoresque expression du promoteur de l'entreprise, de l'hydrophobie de la mer Rouge.

Menaces ouvertes, intrigues secrètes, intimidations,
machinations souterraines, Lord Palmerston mit tout en
jeu pour faire échouer cette œuvre gigantesque.

M. de Lesseps, en homme loyal, prit le paquebot et
se rendit à Londres en vue de prouver aux Anglais que
l'ouvrage projeté était pratique en même temps qu'utile
aux intérêts de leur pays, comme à ceux du monde
entier.

Il tint successivement plus de 20 meetings dans les
principales villes ; il prononça des discours accordant la

parole à ses contradicteurs et réfutant victorieusement leurs objections.

Quelle nation faisait donc un plus grand commerce avec l'Inde et la Chine ? Quelle nation y avait autant d'intérêts politiques et commerciaux, autant de colonies, de comptoirs et de nationaux ?

Comment ! la Grande Bretagne souffrirait de se voir rapprochée de trois mille lieues des 200.000.000 de sujets qu'elle avait dans l'Indoustan ? Sa marine péricliterait parce que le voyage serait diminué de moitié ?

C'étaient là des raisons absurdes. Une autre plus sérieuse se présentait à l'esprit.

Les ports de la Méditerranée, plus rapprochés que ceux de l'Océan de la mer des Indes, devaient naturellement profiter de la nouvelle voie. Mais la situation géographique était-elle tout ? — L'exemple même des Iles Britanniques prouvait le contraire.

La valeur individuelle des citoyens constitue, seule, la force d'un pays ; c'est dans un archipel d'une fertilité médiocre, perdu dans les brumes de la mer du Nord, que s'est concentré de nos jours le mouvement industriel, maritime et commercial des deux hémisphères.

M. de Lesseps parvint bien à convaincre ses auditeurs : il ne put réussir à détourner de son entreprise l'hostilité de Lord Palmerston et du monde officiel anglais.

Nous avons assez dit à cet égard; il ne nous convient pas de traiter par le menu une question déjà vidée et de raviver inopportunément des haines fâcheuses.

Nous nous bornons à rappeler que le Gouvernement

britannique manqua, en cette circonstance, d'intelligence et de logique.

Après avoir proclamé le premier la liberté du commerce, en contradiction avec lui-même, il se tint avec obstination dans l'ornière d'un patriotisme exclusif.

Un mot de l'ambassadeur lord *Bulwer*, fidèle interprète des sentiments de son cabinet, caractérise admirablement cette attitude : « Je reconnais bien, disait-il « en 1863 à M. de Lesseps, que l'on ne peut plus se « moquer de vous, mais, au contraire, l'on doit vous « envier. Ce que je redoute pour mon pays, c'est la « grande influence que la France pourra acquérir. »

En dépit de cette opposition, le Canal se fit donc.

En vue de lui donner un caractère de neutralité internationale (et nous insistons sur ce point), toutes les nations Européennes furent admises à souscrire des actions. Les Anglais s'abstinrent d'y prendre part, mais M. de Lesseps s'en consola, et, en constatant cette abstention prévue, se borna à dire : « Les Français ont « fourni le capital, MM. les Anglais se chargeront « avant peu de fournir les dividendes. »

Le 19 novembre 1869, l'inauguration eut lieu avec une solennité grandiose.

IX

Au rhéteur qui niait le mouvement, son contradicteur n'opposa que le silence. — Il marcha.

A ceux qui niaient la possibilité d'exécution du Canal, M. de Lesseps n'opposaqu'un argument, il le fit.

Restait à réfuter une dernière objection.

Le travail était fait, soit! mais serait-il suffisamment rémunérateur pour les actionnaires?

De quoi pouvaient donc se composer principalement les recettes?

1° Des droits que la Compagnie était autorisée à percevoir;

2° Du produit des terrains qui lui étaient concédés.

Le droit fixé par tonneau, pour tout navire empruntant la voie du Canal, étant de 10 francs, il s'agissait de connaître le tonnage présumable des bâtiments devant trouver intérêt à prendre la nouvelle voie.

Aux yeux du Directeur de la Compagnie, la question était déjà vidée; quant aux aveugles « volontaires ou non », leurs yeux ne tardèrent point à être dessillés.

Rien de brutal comme les chiffres; en voici :

En 1870, le chiffre des recettes s'élève à 6.387.204 francs; — en 1871, à 13.002.284 francs; — en 1872, à 18.966.000 francs; — en 1873, à 24.297.000 francs; — en 1874, à 25.738.000 francs.

Faut-il citer aussi le nombre des navires qui ont, pendant les mêmes années, franchi le Canal?

Il monte successivement de 486 en 1870 à 765, 1.082, 1.173 et 1.264.

Nous ne parlons pas de l'exercice 1875, signalé par une augmentation plus considérable encore, mais qui, n'étant point terminé, ne saurait entrer ici en ligne de compte.

Tout allait donc à souhait dans la Compagnie ; les actions montaient lentement, mais sans discontinuité, et le moment approchait où les actionnaires devaient enfin recevoir le prix de leur patriotique constance.

Les Anglais avaient quitté vis-à-vis de l'entreprise leur attitude froidement railleuse.

X

Ce n'est ici ni le lieu ni le moment de transformer en une mince question de politique intérieure une grande affaire économique et internationale.

Il est, toutefois, croyons-nous, nécessaire de jeter un coup d'œil rétrospectif sur les vingt dernières années.

L'Empire, quelque peu isolé à son origine, songea tout d'abord à s'attirer les sympathies de l'Angleterre. Napoléon III exilé avait trouvé à Londres une hospitalité cordiale ; il y avait puisé à l'école des Robert Peel et des Cobden les principes libre-échangistes.

Monté sur le trône, il laissa entrevoir à ses hôtes d'autrefois l'intention de les appliquer en France.

La fière Albion sait, quand la politique l'exige, transiger avec les principes. Si peu sympathique que pût lui sembler le neveu du prisonnier de Sainte-Hélène, elle lui fit bonne mine : les circonstances l'exigeaient.

La Russie se faisait menaçante et paraissait disposée à donner le coup de grâce à *l'homme malade*.

La question d'Orient se réveillait brûlante.

Des pourparlers s'engagèrent : la guerre de Crimée fut décidée.

Les flottes, les armées anglo-françaises, combattirent de concert contre Nicolas Ier.

De cette alliance, on connaît les conséquences, aujourd'hui, hélas, à peu près effacées.

La Porte était sauvée, l'intégrité de l'Empire ottoman sauvegardé.

Encore une fois la France avait, pour l'Angleterre, tiré les marrons du feu.

Puis vint la guerre d'Italie vue, comme 'on pense, d'assez mauvais œil par Lord Palmerston et ses amis du Parlement.

Il fallut accepter de bonne grâce ce qu'on n'avait pu empêcher.

Une occasion nouvelle s'offrait, d'ailleurs, de mettre à l'épreuve le Don Quichottisme Français.

La France unit son pavillon à celui de l'Angleterre pour ouvrir à ces derniers l'entrée de la Chine où nous n'avions rien à faire.

Ainsi le Gouvernement britannique avait obtenu de nous, au point de vue politique, la guerre de Crimée, celle de Chine ; elle obtenait en même temps, au point de vue économique, la signature des traités de commerce.

En échange, que nous avait-elle donné ?

Rien !

Nous étions-nous du moins assuré sa reconnaissance ?

Nous allons le voir.

XI

Il faut bien dire que le cabinet de Saint-James
n'avait qu'à moitié lieu de se montrer satisfait de la
tournure que prenaient les événements politiques.

Assurément la Grande-Bretagne tenait toujours son
rang dans le monde ; mais on s'habituait à se passer
d'elle.

La France avait acquis Nice et la Savoie ; l'Allemagne avait d'un coup de sabre détruit la Confédération
Germanique.

La Russie poursuivait sa conquête dans la Tartarie,
et tout faisait prévoir que la première des puissances
maritimes et la plus étendue des puissances continen-
tales ne tarderaient pas à se rencontrer au fond de
l'Asie, dans les gorges de Tarakaroun.

Elle n'avait pas décrû, elle, mais ses voisins s'étaient
augmentés.

De là, mécontentement secret, jalousie inavouée.

Puis les événements se précipitent : la guerre de
1870 éclate, la France foulée sous les pieds du vainqueur appelle à l'aide et râle.

C'était là ou jamais pour nos voisins d'outre-Manche
l'occasion de témoigner leur gratitude.

Qu'ont-ils fait ?

Rien.

Tranquille dans son île, John Bull s'est contenté
d'assister impassible à la lutte, à l'égorgement de l'allié

dont il n'avait pendant vingt ans cessé de jalouser la prépondérance.

Il a marqué les coups et applaudi au vainqueur.

XII

Lâcheté n'est pas toujours sagesse.

La France était vaincue, humiliée.

Qu'y gagnait l'Angleterre ? L'Allemagne prenait sa place.

Jolie conséquence vraiment de la politique de non-intervention, des profondes combinaisons de ces diplomates égoïstes.

La nation n'était pas contente et cherchait vainement chez ses gouvernants cette virilité qui justifia jadis le machiavélisme de Pitt.

Que faire ?

En définitive, l'équilibre européen n'existait plus, la force primait le droit ; comme on dit vulgairement, chacun tirait de son côté.

Beau moment pour pêcher en eau trouble.

XIII

Il y a toujours sous roche en Turquie, pour les besoins

de la politique européenne, une révolte quelconque de l'Herzégovine ou de toute autre province.

Une puissance éprouve-t-elle le besoin de provoquer un conflit ?

Vite on révolte quelques raïas contre le pacha trop rapace.

On compatit aux maux de ces pauvres diables, on leur parle de *droits* qu'ils ne se connaissaient pas ; on rappelle à l'humanité, *à leurs devoirs* envers des populations opprimées les Turcs qui veulent châtier des rebelles.

Magnifique sujet à mettre en vers latins.

Qu'on en vienne dire autant aux Anglais à Madras, aux Russes en Pologne, aux Français en Algérie !

Puis, la Serbie, le Monténégro se mêlent de la question, l'affaire s'embrouille, les grandes puissances s'interposent, l'imbroglio devient complet.

En définitive, l'incident de l'Herzégovine pourrait bien être l'allumette destinée à mettre le feu en Europe.

XIV

Entre temps, l'Angleterre avait réfléchi. Si la guerre éclatait, si l'ouverture de la succession de l'homme malade était imminente, il fallait bien songer à jouer son rôle dans les événements qui allaient s'accomplir.

Or, la France, cette France qui pendant vingt ans

s'était toujours trouvée prête à faire le jeu de son alliée, la France n'était plus là.

Dans une affaire presque exclusivement continentale, que ferait le cabinet de Saint-James avec toutes ses flottes?

Après tout, les circonstances avaient bien changé ; la question d'Orient s'était déplacée.

Qu'importait aux conquérants de l'Inde que les Russes fussent à Constantinople, si eux-mêmes assuraient leur empire en Asie ?

N'avaient-ils pas encore un champ assez vaste dans l'extrême Orient, où 350.000.000 de Chinois depuis 6.000 ans voués à la servitude attendent un maître ?

On ne pouvait défendre éternellement la Turquie en dissolution, il n'y avait plus qu'à en prendre sa part.

Le 24 novembre dernier une dépêche télégraphique apprit à toute l'Europe que le Gouvernement anglais venait de se rendre acquéreur des 176.602 obligations appartenant au Khédive.

L'émotion fut grande : elle n'est pas encore calmée. Que va faire le Gouvernement anglais? Quels sont ses plans secrets ?

Bien osé qui oserait, dès maintenant, se prononcer.

Le sait-il lui-même? Peut-être pas.

Suivant les uns, il maintiendrait la situation actuelle sans chercher à acquérir un plus grand nombre d'actions, se contentant d'avoir pris, en vue de l'avenir, un intérêt considérable dans l'entreprise.

Suivant d'autres moins optimistes, il jette là un premier jalon : il veut se rendre propriétaire du Canal entier commercialement, politiquement. Il suit en cette circonstance sa vieille tactique toujours heureuse : empiétements légers d'abord, tolérés par la faiblesse des puissances, et rapidement suivis d'empiétements nouveaux qu'il n'est plus possible d'empêcher. Cette acquisition peut se faire par l'achat de toutes les actions sur le marché, ou par une expropriation consentie dans une assemblée d'actionnaires auxquels il serait possible, en certaines circonstances déterminées, de tenir la dragée haute.

Voilà pour le point de vue financier ; sous le rapport politique, la chose est aussi simple. Les intérêts du Canal exigent naturellement l'intervention d'agents anglais ; ces agents ne sauraient se passer de postes, et, comme il y a partout des gens malintentionnés, ces postes demandent à être solides : un beau jour, les fenêtres se changent en embrasures, et l'on est tout étonné de voir passer par une ouverture la gueule d'un canon. Le tour est joué.

Puis viendront les complications avec l'Égypte ; le Khédive n'aura pu payer ses échéances ; il faudra donner des garanties. Bientôt chemins de fer, canaux, sucreries, tout se trouve entre les mains du gouvernement anglais qui, sans une goutte de sang versée, ne tarde pas, à la suite d'une série de transitions bien ménagées, à se trouver maître de tout le pays.

Pourquoi s'arrêter en si belle voie ? La Nubie, le Soudan, l'Abyssinie que vient de conquérir le Khédive, tombent successivement entre ses mains : c'est un nouvel Empire des Indes dans l'Afrique Orientale.

Tels peuvent bien être les plans secrets de l'Angleterre ; mais il y a loin de la coupe aux lèvres.

Au commencement de cette étude, nous avons montré les puissances maritimes qui se sont succédé dans le cours des siècles : Gênes, Pise, Venise, le Portugal, l'Espagne, la Hollande, tombant successivement en décadence.

Point d'effet sans cause.

Quelle peut être? Où chercher l'origine de cette chute précoce des nations maritimes?

La voici : Pour conserver sa force sur mer, un peuple doit avoir des ports de refuge, des comptoirs qui tendent naturellement à revêtir un caractère militaire, à s'étendre successivement.

De là, diffusion, dissémination des forces vives de la nation. Si la population de la métropole est insuffisante, au moment même où elle semble à l'apogée de sa puissance, elle est à la veille de sa chute.

La Hollande, le Portugal, pouvaient-ils normalement dominer des millions de vassaux trans-océaniques? Non.

Au moment même où la France semblait au faîte de sa prospérité, elle se préparait de cruelles déceptions. Trop d'expéditions l'avaient affaiblie. Les guerres de Crimée, d'Italie, de Syrie, de Chine, de Cochinchine, du Mexique avaient éparpillé, usé ses troupes, et la mirent dans l'impossibilité d'empêcher Sadowa. La catastrophe de 1871 est la conséquence directe des événements que nous venons d'indiquer.

L'Angleterre ne serait-elle point dans le même cas?

Ne suit-elle point la même voie ? Sa population, si exubérante qu'elle puisse être, suffit-elle à la colonisation de son immense empire maritime ?

Nous n'oserions l'affirmer. L'histoire est là pour nous montrer que les Tippo-Saïb peuvent se rencontrer dans tous les siècles.

Est-ce donc le moment pour elle de se mettre sur les bras de nouveaux embarras ? Or, nous avons confiance, sinon dans l'honnêteté, du moins dans l'intelligence de ses hommes d'État, et nous estimons que, guidés par l'intérêt national, ils sauront réfréner leurs velléités de conquêtes dans l'Afrique orientale.

L'Angleterre, en prévision des événements qui peuvent surgir dans le Bosphore, a voulu prendre, d'avance, sa part du gâteau, en s'assurant la haute main dans le Canal. De sitôt elle ne prendra pas l'Égypte.

XV

Donc, sans insister ici sur le langage provocateur des journaux d'outre-Manche ; sans chercher à prouver leur manque de tact en cette circonstance, nous voulons nous borner à examiner, au point de vue français, les conséquences, pour les porteurs d'actions de l'Isthme de Suez, de la convention qui cède au Gouvernement britannique les actions appartenant au Khédive.

Quoi qu'on en dise, notre influence est encore grande

en Orient. S. A. connaît bien les Anglais, et les rares
documents qui nous sont parvenus sur cette affaire, éta-
blissent d'une façon péremptoire que l'Égypte, avant de
s'adresser à eux, a tout d'abord tourné ses regards vers
la France.

Malgré notre vif désir de ne pas alourdir ces lignes
par des citations fréquentes, nous croyons nécessaire de
reproduire les pièces suivantes qui constituent le dossier
du procès. Citons, d'abord la lettre instructive de
M. Dervieu à l'honorable directeur du *Messager de Paris :*

Mon cher Monsieur Rolland,

Permettez-moi de rectifier quelques-uns des renseignements
que vous avez donnés à vos lecteurs dans le numéro du *Messager
de Paris* du 26 courant, relativement aux négociations qui ont eu
lieu à Paris pendant ces derniers jours au sujet des affaires égyp-
tiennes.

La première opération que j'ai proposée à Paris était l'achat
pur et simple des 176.602 actions de la Compagnie du Canal de
Suez, que vendait le gouvernement égyptien.

L'option de cette affaire m'a été transmise d'Alexandrie le
12 novembre courant, par la maison A. Dervieu et C⁰, à laquelle
S. Ex. le ministre des finances l'avait donnée pour quarante-huit
heures seulement.

Les conditions étaient le paiement de 92 millions de francs en
trois termes et le service d'une annuité de 10 $^{o}/^{o}$ par le gouvernement égyptien pendant les dix-neuf ans durant lesquels les
coupons des actions sont aliénés.

En garantie de cette annuité, le gouvernement offrait le re-
venu de la douane de Port-Saïd.

Le lendemain, 13 novembre, MM. A. Dervieu et C⁰ me télégra-
phiaient que le ministre consentirait à porter l'annuité à 11 %

Après m'être assuré du concours de quelques notabilités

financières de Paris, ce fut cette opération seule que je soumis au groupe qui traitait de la conversion de la dette flottante, l'engageant à y participer. Je considérai comme un devoir de confraternité de ne pas lui laisser ignorer l'option qui m'avait été donnée.

Ma proposition fut écoutée, discutée, et enfin rejetée.

Je demandai alors en Égypte une prolongation d'option qui me fut gracieusement accordée jusqu'au 14 novembre.

Je ne fus pas plus heureux auprès des autres groupes financiers auxquels je m'adressai. Comme vous l'avez dit, mon cher directeur, au fur et à mesure que j'obtenais des adhésions, celles de la veille m'échappaient.

Le 19, la maison A. Dervieu et Cᵉ me télégraphiait que S. A. le khédive renonçait à vendre ses actions, qu'il désirait seulement une avance de 85 millions de francs pour trois mois, garantie par le dépôt de ses actions et le transfert des 15 p. °/₀ de prélèvement sur les bénéfices que les statuts de la Compagnie de Suez attribuent au gouvernement égyptien.

Si, à l'expiration des trois mois, le remboursement ne s'effectuait pas, le gage devenait la propriété des prêteurs.

La maison A. Dervieu et Cᵉ m'annonçait qu'elle signait ferme un contrat sur ces conditions, se réservant seulement la ratification du groupe financier que j'avais à former à Paris.

Je ne me suis jamais dissimulé la différence qui existait entre cette seconde affaire et la première. Je n'en essayai pas moins de trouver des participations à Paris.

Le délai de ratification expirait vendredi dernier, 26, à midi. La dépêche m'annonçant la vente des actions de Suez au gouvernement anglais arrivait à Paris et à Londres, la veille, jeudi 25.

La maison A. Dervieu et Cᵉ, ne recevant pas la ratification qu'elle attendait, avait cru de son devoir de se désister avant même l'expiration du délai qui lui avait été accordé.

Je me borne à vous exposer ces faits, et la seule observation que j'ajouterai à ce récit, c'est qu'il est juste de reconnaître que S. A. le khédive a fait ce qu'il a pu pour que les actions qu'il possédait vinssent en France et non ailleurs.

En terminant, je ne puis qu'exprimer mes regrets de l'insuccès de mes efforts pour convaincre les groupes financiers auxquels je me suis adressé; de l'intérêt patriotique et des avantages financiers qu'offrait l'opération que je leur proposais, et de n'avoir pu justifier la confiance que S. A. le khédive avait daigné témoigner à MM. Dervieu et Cᵉ et à moi.

Veuillez agréer, mon cher directeur, l'assurance de mes sentiments les plus distingués,

DERVIEU.

Puis vient la lettre du chargé d'affaires français a Londres, à M. le Ministre des affaires étrangères :

Monsieur le duc, suivant les instructions que j'avais reçues de Votre Excellence, j'ai profité de l'entretien que j'avais ce matin avec Lord Derby, pour passer des difficultés financières de la Turquie à celles de l'Égypte. Le principal secrétaire d'État m'a dit que le Khédive cherchait à hypothéquer ses actions du Canal de Suez à la Banque anglo-égyptienne. Je lui ai alors demandé s'il n'était pas aussi question de la vente de ces actions à la Société générale. « Je ne vous cache pas, m'a-t-il répondu, que j'y verrais de sérieux inconvénients. Vous savez quelle est mon opinion sur la Compagnie française : elle a couru les risques de l'entreprise, tout l'honneur lui en revient, et je ne désire contester aucun de ses titres à la reconnaissance de tous. Mais reconnaissez que nous sommes les plus intéressés dans le Canal, puisque nous en usons plus que tous les autres pavillons réunis ; le maintien de ce passage est devenu pour nous une question capitale ; je verrais donc avec grande satisfaction venir le moment où il sera possible de largement désintéresser les actionnaires et de remplacer la Compagnie par une sorte d'administration ou de syndicat, où toutes les puissances maritimes seraient représentées. En tout cas, nous ferons notre possible pour ne pas laisser monopoliser dans des mains étrangères une affaire dont dépendent nos premiers intérêts. La garantie résultant du contrôle de la Porte n'est plus suffisante aujourd'hui ; si nous perdions celle que nous offre encore la participation du Khédive, nous serions absolument à la merci de M. de Lesseps, auquel je rends d'ailleurs toute justice. La Compagnie et les actionnaires français possèdent déjà 110 millions sur les 200 que représente le capital des actions ; c'est assez. »

Après quelques mots au sujet de la Compagnie du Canal de Suez, je reviens à l'emprunt hypothécaire dont lord Derby m'avait parlé.

Il m'a répondu qu'il désirait que le Khédive n'hypothéquât pas ses titres, mais qu'à tout prendre l'hypothèque n'était pas l'aliénation des titres et qu'on pouvait toujours les recouvrer. Il a insisté, en finissant, sur le mauvais effet que produirait, dans les circonstances actuelles, la vente des titres à une Compagnie française, et, en même temps, sur son désir d'éviter le réveil d'anciennes rivalités qu'un fait de ce genre ne manquerait pas de provoquer.

Veuillez agréer, etc.

Signé : GAVARD.

Le 27 du même mois, c'est l'ambassadeur de France à Londres qui écrit au Ministre des affaires étrangères :

Monsieur le duc, je viens de chez le comte Derby, à qui j'ai exprimé le désir que j'éprouvais de savoir de sa bouche ce qui avait décidé l'Angleterre à acquérir du khédive les actions de la Compagnie de Suez.

Voici à peu près ce que m'a répondu lord Derby :

« Ce n'est qu'au commencement de la semaine que nous avons su l'intention et le besoin du khédive de vendre ses actions. Mon désir, et je l'ai exprimé, était qu'il les gardât ; mais, d'une part, il avait un besoin urgent de se procurer des ressources pour des remboursements qui n'admettaient pas de retard, et, d'autre part, nous avons su qu'il y avait des négociations suivies entre la Société générale et le gouvernement égyptien pour l'acquisition des mêmes actions. Il fallait donc laisser passer ces valeurs en d'autres mains, ou les acheter nous-mêmes. Je puis vous assurer que nous avons agi avec l'intention uniquement d'empêcher une plus grande prépondérance d'influence étrangère dans une affaire si importante pour nous.

« Nous avons la plus grande considération pour M. de Lesseps ; nous reconnaissons qu'au lieu de nous opposer à sa grande création, nous aurions mieux fait de nous y associer. Je renie pour mes collègues et pour moi toute intention de dominer les délibérations de la Compagnie et d'abuser de notre récente acquisition pour violenter ses décisions. Ce que nous avons fait est purement défensif. Je ne crois pas d'ailleurs que le gouvernement et les sujets anglais soient maîtres de la majorité des actions. J'ai dit, il y a quelque temps, à la Chambre des lords, que je ne m'opposais pas à un arrangement qui mettrait le Canal de Suez sous la direction d'un syndicat international. Je n'en ferai pas la proposition, mais je ne retire nullement mes paroles. »

Veuillez agréer, etc.

D'HARCOURT

Nous laissons à nos lecteurs le soin d'analyser et de commenter ces documents ; il leur appartient de juger la conduite de nos agents diplomatiques, conduite que leur fera mieux connaître la lecture du *Livre Jaune* récemment publié par M. le duc Decazes.

Financièrement, nous n'avons rien à dire au sujet des maisons françaises qui n'ont pas cru devoir accepter un contrat dont les conditions ne leur semblaient pas suffisamment rémunératrices.

En résumé, il est indiscutable que cette convention est désagréable pour notre amour-propre national, et nous ne saurions partager, à cet égard, l'optimisme incompréhensible dont fait preuve M. de Lesseps dans sa lettre du 24 novembre dernier, publiée par tous les journaux, et que nous nous croyons obligé de reproduire :

Monsieur,

Des actionnaires se préoccupent de l'achat fait par le Gouvernement britannique des 176.602 actions qui appartenaient au Gouvernement égyptien, et quelques-uns manifestent des inquiétudes.

Il suffira de rappeler une page de l'histoire du Canal, pour calmer les préoccupations et détruire les inquiétudes.

A l'origine de l'entreprise, lorsque le moment fut venu de réunir le capital nécessaire, une part importante de la souscription fut réservée aux capitalistes anglais.

A cette époque, la France et l'Égypte assurèrent par leurs apports l'exécution du Canal. La souscription fut presque entièrement couverte par le public français et par le Gouvernement égyptien.

Complètement désintéressé, financièrement, dans le succès de l'entreprise, le Gouvernement britannique opposa de nombreuses difficultés à l'achèvement de l'œuvre, et, jusque dans ces derniers temps, l'intervention des agents anglais fut nuisible à l'intérêt particulier des actionnaires français et égyptiens.

Aujourd'hui, la nation anglaise accepte dans la Compagnie du Canal la part qui lui avait été loyalement réservée à l'origine ; et si cet acte, étant accompli, doit avoir une conséquence, cette conséquence ne saurait être, à mes yeux, de la part du Gouvernement britannique, que le renoncement à une attitude qui a été depuis longtemps hostile aux intérêts des actionnaires fondateurs du Canal maritime, si énergiques dans leur persévérance intelligente.

Je considère comme un fait heureux cette solidarité puissante qui va s'établir entre les capitaux français et anglais, pour l'exploitation purement industrielle et nécessairement pacifique du Canal maritime universel.

Veuillez faire part de cette lettre à ceux de nos actionnaires qui s'adresseront à vous pour connaître mon opinion.

Agréez, etc

Le président-directeur,
FERDINAND DE LESSEPS.

Comment ! M. de Lesseps qui pendant vingt ans n'a cessé d'avoir à combattre l'hostilité anglaise, qui mieux que personne connaît la foi punique du Cabinet britannique, M. de Lesseps se laisse à ce point leurrer par les belles protestations de cet ancien ennemi !

Il ose assimiler les actions offertes jadis aux citoyens anglais, à celles achetées aujourd'hui par leur Gouvernement ?

Que l'honorable Directeur nous permette de le lui dire : cela nous étonne de sa part.

Nous ne saurions, toutefois, lui en vouloir.

En 1857, dans un meeting tenu par lui à Liverpool, un auditeur lui demanda s'il agissait pour son propre compte et s'il n'avait pas avec le Gouvernement français quelque attache :

« Je suis, répondit-il, un simple citoyen, indépendant « de tout Gouvernement ; je défends mes seuls intérêts : « *No connexion with the French government.* »

Ainsi, ce citoyen anglais comprenait, ce que ne saisit pas M. de Lesseps, qu'il est bien différent qu'une affaire soit entre les mains d'un gouvernement ou d'une simple compagnie. Peut-être aussi le créateur du Canal a-t-il parlé comme Directeur d'une société internationale et n'ayant, par suite, à envisager la question qu'au point de vue de l'intérêt matériel de ses actionnaires.

Il est positif, en effet, que ces derniers n'auront point à se plaindre de l'événement qui nous préoccupe. La Bourse, étrangère aux questions de sentiment, en a salué la nouvelle par une hausse considérable.

Que craindre, en effet ? Ou les choses resteront dans

le *statu quo* et alors il n'y aura rien de changé, sinon la disparition de l'hostilité de l'Angleterre, intéressée désormais à défendre les intérêts de la Compagnie même, et surtout dans les difficultés diplomatiques qu'elle pourrait avoir, comme cela s'est déjà présenté, avec une puissance quelconque;

Ou la nation voudrait se rendre propriétaire de la totalité des actions, et alors il appartient au marché français de tenir bon, et de ne se démunir de ses titres qu'à un prix très-élevé. Une seule objection peut être faite au point de vue de la baisse. Que l'Angleterre, par exemple, dont les navires fournissent les 7/10 du trafic, obtienne une grande réduction dans les tarifs, et les recettes s'en ressentiront naturellement. C'est là une hypothèse trop éloignée pour que nous ayons provisoirement à nous en préoccuper.

En refusant de vendre, les détenteurs de Suez ont fait acte de patriotisme en même temps que de bon sens.

En toutes choses, il est opportun de ne pas se laisser aller à une panique irraisonnée. L'avenir est gros d'événements que nous ne saurions prévoir; le succès demeure d'ordinaire aux gens prudents qui savent se tenir sur la réserve, pour agir à propos.

L'Angleterre vient de nous en donner une preuve nouvelle. A la veille d'une collision, peut-être imminente, la leçon est plus que jamais de saison.

L. LEVADÉ.

Paris, 6 décembre 1875.

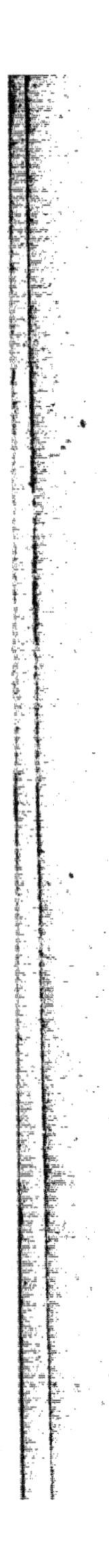